AF289688

Justin Larma

Väärän kuninkaan maa

runoja

Kustantaja: Books on Demand GmbH, Helsinki, Suomi;
Valmistaja: Books on Demand GmbH, Norderstedt,
Saksa. ISBN 9789523301306

Väärän kuninkaan maa

Justin Larman kuudes runokokoelma

Valta sokaisee
kansa kuningastaan pakenee

**Elämä, ainutlaatuinen kokemus
itkun ja riemun sinfonia, ironiaa
voimaa ja uupumusta.**

**ja lopulta...
"Sydämen ääni on ylempänä muita ääniä"**

Omistan kirjan
syöpää sairastaville ja
edesmenneille ystävilleni

Lukijalle

Väärän kuninkaan maa on Justin Larman kuudes
runokokoelma. Edellisten kokoelmien tapaan runot
sisältävät elämän vivahteiden maistelua toden ja sadun
rajapinnassa, usein mukaan tempautuvan
kantaaottavasti.

Runojen kirjoittamisen Mauri Laakkonen aloitti Riihimäen
kansalaisopiston Tarinat talteen –ryhmässä syksyllä 2014.
Runokirjojen ohella hän on julkaissut vuoden 2015 aikana
blogi-kirjoituksiin perustuvan muistelmateoksen Kossina
Taluksessa, pienen pojan muistikuvia vuosilta 1956-61 ja
Eriparisukat -runokirjan pojantyttären Iitu-Olivian kanssa.

Mauri Laakkonen käyttää runokirjoissaan kirjailijanimeä
Justin Larma, joka muotoutuu kirjoittajan lasten nimistä
(Jussi, Tiina, Lari ja Markus).

Aikaisemmin julkaistut runokirjat;
Elämän virrassa 2014, ISBN 9789522868176
Elämän kaarella 2015, ISBN 9789523185333
Elämän tyrskyissä 2015, ISBN 978952318622
Elämän pisaroita 2015, ISBN 9789523189584
Elämän sylissä 2015, ISBN 9789523189935

Ääristä ääriin

runoja laidasta laitaan
haikujen saattelemana

Mikään ei ole

Kunnes
kuulen
ymmärtäen
tajuan
edes vähän

Sitä ennen
kellun
luullen
tietäväni
kaikesta
kaiken

Vain vähän

Rikkautesi
linna sisälläsi
vuotaa
tuskan kyyneleitä
tihkuu
itsesäälin mahlaa
tahraten
mielesi

Astu kanssani
tulevaisuuteen
ota
köyhyys
kumppaniksesi
ja
rikkaudeksi
mieleesi

Venho tuonelan
virrassa ui kelluen
rauhaa etsien

Eteenpäin

Saranat kirskuvat
salpa kolahtaa alustaan
porttia avataan

kelluu sululla
venhot
paikallaan

valmiina
matkaa jatkamaan

kun sulku
avataan

*Hiljainen totuus
sydämeni muurilta
kotinsa löytää*

Verkko

Sydämeni sirkkelistä
suoltuu sanojen pätkiä
yllätyksettömiä
mitään sanomattomia
pelkkää puuta heinää

Prässään pätkät yhteen
herättelen tulkintaa
nukkuvaa

laiskat massaa mutustaa
mukamas innoissaan

Leuat louskuu
Ei mitään kuulu, vaikka
ääntä maailmaan mahtuu

Sirkkeli huutaen vingahtaa
sydämen totuuteen osuu
kohtalon verkkoon jälleen ajautuu

On vuoroni nyt
ajatella itseä
suhdetta eloon

Ymmärrys

Myllerrys korvien välissä
sillä tunnetulla pururadalla
pyörremyrskyn kourissa
ajatusmyllyn vankina

Tyhjää jauhaa
ei siirry mitään kauhaan
sekoitettavaksi sopaksi
joka kelpaisi ravinnoksi

Juoksen sitä pururataa
ajattelematta pahaa
sinusta, hänestä, heistä tai meistä
kuitenkin paita märkänä hiestä

Taas mietin
maailman menoa
touhua näköalatonta

Ei auta
on otettava myönteisyys kehiin
noustava siivilleen ja jälkensä korjata
mitä auttaa sormin osoitella ja
parhaansa yrittävää morkata

*Sydän asettuu
puolustamaan heikompaa
kaltoin kohdeltu*

Kunnia

Muistatko
kuinka laskimme
kehujenkosken kuohuissa
päät pärskeissä kastuen

kuinka kateellisten kastraatit
kimittivät kallioillaan
kuuroina tosiasioille
ja laskivat alleen
valitusten virren

kuinka purkivat
kiukkuaan tappiosta
pudottaakseen tuloksemme riemun
tavanomaisuuden
tyyneen veteen

Muistatko sen
silakanhajuisen hetken
evättömien lammessa
kun lumpeet kukkivat
kunniaa

Sinne jonnekin

S iinäkään tunnelissa
ei näkynyt valoa
vain toivoa ja
unelmia
määränpäänä mahdollisuus
löytää jotakin arvokasta
ja lyödä päätään kallioon
jokaisella kuokan iskulla

Tunneleita oli tullut kaivettua
useimmille vain alkulyönnit
valitako niistä uudelleen se oikea

Viisainta on aloittaa ihan uusi

Lupasit ryhtyä kaveriksi

Hakkumme
olivat kärsineet kolhuja
mutta iskivät hyvin yhdessä
kun matkasimme
kimpassa
tuntemattomaan

Huomasimme matkalla
muitakin kaivajia
risteäviä tunneleita
helppoja ratkaisuja
joiden perässä olisi voinut juosta
ottaa pieni hyöty ilmaiseksi

Mutta löytyisikö siten se kirkkain "timantti"

Hakkumme halusivat
neitseellisen matkan
tien
jota muut eivät ole kulkeneet
...se jatkuu yhä

*Sylissä taimi
pientä onneaan laulaa
alkumatkaansa*

Jäljet

Kaipauksen kellot
ovat kilkattaneet
jäljet kaipaavan jättäneet
ikkunaan sameaan, puitteet
raavitut

Tassun jälki ruudussa
eilen vielä puhtaassa

Ikävä tulee yllättäen
tiedän että välität

Kynnenjäljet puitteissa
kynsien perushuoltoa
yritä ymmärtää
myös tapettia repsottavaa
paperisilppukasaa
olohuoneen matolla

Kehrää kissanpoika sylissä

Elämän satu
Etarinoiden runsautta
Esydän tulvillaan

Sumua

K elluu kevyenä
harmaa harsopilvi niityn yllä
laaksossa ja mäenrinteellä
siivilöiden aamun hämyä

Piilossaan
peura seisoo pellon laidalla
ympärillään sadun taikaa
ihmiselle arvoituksellista
perimässä saatua

Valo kajastaa
harsohunnun alta
pois usvaverhon siirtää
maiseman kirkastaa

Vain hetkeksi

Kunnes palaa taas
on päivä alussa

alla heittelee
H öisin usvaverkkojaan
sadon kellistää

Yön jälkeen

unainen kuu
sirpiksi taivaalta huuhtoutuu
merivirtoihin valonsa
kajona siivilöi
unelmiin
hämyisiksi hetkiksi

Usvaisella
elopellolla
keltainen sänki
yönkosteasta syleilystä
heräilee
naakkaparvi konnullaan

Usva sulaa
herkkänä valon tieltä
pakenee
pitkin maan pintaa
haipuu pisaroiksi
syksyiseen metsään

Vesitippa
piikkilanka-aidan ruostuneelta
piikiltä putoaa aamukosteaan

Rakkauden tuli
sytyttää ihmismielen
onneen hamuaa

Hehku

Valo iski
häikäisten näkökenttäni
katosit kirkkauteen
ja lumoutuneena
näen sinut yhä
kuin enkelini
satukirjassa

Valosiipiesi
loisteessa kylven
suloisen hetken
teen ajatusretken
varjojen
palaamiseen

Hymysi sataa ylleni
hehkuen
jokaisen sekunnin
kuin sytyke
takassa
tulitikun
ensiraapaisusta

*Yön siimeksessä
sinut löysin rakkaani
kuun taivaalleni*

Hiipii se

Hiljaa se eteni
etanan vauhdilla, rakkauteni
etsi sopivaa kosteikkoa
mehukkaita hetkiä haikaillen
lämpöä tavoitellen
kuun kiertoa noudatellen

Hiljaa se eteni
kunnes vauhtiin ylsi, rakkauteni
löysi hehkeät kummut
versovat mättäät
lempeän lämmön
kuun kiertoa ajatellen

Hiljaa se eteni
sekoitti pääni, rakkauteni
viehkeästi kaarsit
ovelasti johdatit
kokonaan otit
kuin minua ajatellen

Hiljaa se eteni
täydeksi kasvoi
rakkauteni

*Leivoit sydäntä
tuoreilla sanoillasi
uudeksi nuorrun*

Pöljää

Kummallinen aika
iltapäiväkahveille
illalla kello kahdeksan

Toki pullakahvit maistuu
tähänkin aikaan, kun kuu
jo nousee taivaanrannasta

Mutta iltapäiväkahvit
niinkö sanoit?

Varmaan muuta
tarkoitit.

*Pörrää kesässä
monta suurta ihmettä
luojan luomina*

Kosintoja

K imalainen tanssii
keijukaistanssia
keskipäivän paisteessa
kedon hehkeimmillä kukkasilla

Mehiläinen pörrää
maha pulleana
ruohikon laidassa etsien ja
pölyttäen kukkaa kuin kukkaa

Ampiainen surraa
pistin valmiina
pesäpuuhissaan ladossa
keräten selluloosaa orresta

Minä hurmaan
itseäni peilistä
kuvitellen kaikkea, vaan
yksikään ei huolis tätä poikarukkaa

Kaikki vaan hyrisee
sirisee ja pörisee
maailma täysi on lemmenaiheita
Tulisitko mukkaan?

Villasukissa
hiivin hiljaa luoksesi
sydänystävä

Poskisuudelma

Läheisyytesi on
läheisyytemme perusvoima
varpaiden villasukka
syylinki
huopikas
täynnä lämpöä

hellästi ja tyynesti
polttavaa kuumuutta vältellen
hyytävää kylmää kartellen
vieno hipaisu

lähestyvä
poskisuudelma

Kesäkuun öinä sydämeni sykähti kikirakkaalle

Kesäheila

Penkua pittää
jotta löytää
kesälä heinälajosa
tanssata
olokikasasa
kultaa ehtiä

helemasta tunnistin
kutitin
suukon moiskautin
leviän hymyn
naamallesa sai

itelläki
menua piisas
kirkkohäät
päätti
pittää

Kansanperinne maaseudulta peräisin karjanhoitaja

Torvet

Töttöröö
tuohitorvi
menneen ajan äänimerkki
kevyt ja kätevä

Töttöröö
humalassa
ei nyt sentään
TORVI
paimenella paimenessa

Vaahtopäät lyövät
kättä rantakallioon
etsii kotiaan

Sen meren

Sen saman meren,
jonka rannalla elän,
muistojani.

Itken pois hyvän mielen.

Vapautan suruni tummaan.

Ja eloni venho vie.

Suruliinassa
kuivat kyyneleet, suola
iholla hohtaa

Muuttuva

Sen sinisen hetken
sadepisaroiden soitto
syksyn kellastamilla lehdillä
tanssiin kutsui

painoi pään
olkaani vasten

nyyhki onnensa
suruliinani helmaan

paeten todesta satuun
alati muuttuvaan

Ja niin nosti päänsä
jättäen olkani lämmön
kirkastunein silmin
katsomaan huomiseen

eiliseen

sadepisaroiden soittoon
satuun puiden oksilla

Makeaa elo
hunajaista elämä mehiläisellä

Toistuva

Ajanhammas puraisee
lujaa ja säälimättä
kurvit suoriksi oikaisee
jättämättä läskittä

Aina kaupassa muistan
mutta päätöksestä luistan
herkkumunkin päälle
sataa puuterilunta
kuin pölysokeria jäälle
näen kauhujen unta

makeannälkä jomottaa
suklaahyllyllä noolaa
drinkkibaarissa skoolaa
Ihan nolottaa

Kroppa sorea
käynti kopea
nyt ihran ylistys
viereen kellistys

Vaatimattomuus on huomaamaton ansa unohdukselle

Ikiliikkuja

Niin syvälle
sukelsin tunteisiini
mielenkuohut juomanani
murheet eväinäni
syvemmälle
en enää jaksanut

Humalluin
itseinhoni promilleista
käymisasteeni mäskistä
vaahdosta pinnallani
keveätä, odottaen
huultesi imua

Sukelsin korkealle
unelmapilviin
hattaroissa pelmuten
lempeän tuulen
kiikussa kurkistellen
ikiliikkujaa,
kiikkujaa

*L*uontokokemus
matkamme ravintoa
yhteinen retki

Kokemus

Kalpea kuu
kelluu itäisellä taivaalla
sataa räntää
kirvelevin iskuin
maan valkeaksi

Odotusta
Jäytävää epävarmuutta
kuin huomista ei enää olisi
sataa rakeita
viiltävän lujasti
ihon punaiseksi

Aamun sarastus
unen puutetta
valvottu yö luonasi
sataa kyyneleet
tuskan mausteiset
Sydämen verille

Lastenkasvatus epäonnistuessaan kaataa perinteet

Helppo elämä

Kellun mukavuuden
untuvapatjalla
odotan ja oletan
että kaikki
eteeni kannetaan
laittamatta itse
tikkua ristiin ensinkään

Turhautunut olen
vaikka sossu täyttää
mun kukkaron
maksaa maksamattoman
laskun ja
kaupunki asunnon

Nyt pelossa odotan
että muukalaiset
tekevät nekin työt
mitä itse en viitsinyt
jaksanut
kehdannut
ja vievät nekin tuet
joista olen nauttinut

Voihan itku

Harmistua saattaa kuka vaan
varsinkin kun muka hyvää tarkoittaen
kusetetaan
puhutaan poliittista puuta heinää
kansa kyykkyyn vaan ja
vasten seinää

asunnoton nukkuu taivasalla
sosiaalipummi luksusasunnolla
valittaa tukien pienuutta
ruoan kehnoutta
ja maailman julmuutta
ympärillään teknisten vempainten
velkasoviteltu valtakunta

naapurin mummolla ei ole varaa puuroon
avunpyynnöt valuu äänettömänä kuuroon
avustusten jakajaan
odottaa mummo turhaan
suihkuun saattajaa
rauhassa ei saa olla kirkossakaan
kun kolehtiin
viimeistä ropoa kinutaan

auta, auta!
jumal`auta

kuihtuu aika
kuihtuu mummo
kauhtuu käyttämätön vaihtopaita
kulkee pummit suihkunraikkaina

*Epäoikeus
on kohtuuttomuudessaan
tuhoisa arvo*

*Metsään haluat
tuoreet marjat poimimaan
vitamiineja*

Satoa

Mustikka
Mansikka
Juolukka
Puolukka

Niin ja karpalo

Vattu
Lakka
Lillukka

Kun kasvimaalla tongin
löytyi
porkkanaa

ja
perunaa

Hahaa
mutta vain
muutama
pieni ruppana

Matka rannalle
suo rauhan sydämelle
ikuisuudessa

Myrsky

Meren kuohut
villiintyneet
ryskävät rantaan
kivilohkareita vispoen
nuollen suolaisin suudelmin
kiiltäviä pintoja
vaahtopäiden alta

myrskyn riepottelussa
kaislat huiskavat
suhisevat lemmestään

Odotan rannalla
sumun saapuvaa armahdusta
taitoa piilottaa
muotoni
katseiden
ulottumattomiin

Ajatusjatke
sana kirjoitettuna
pergamentille

Sanakisa

U upumaton juoksu
sanojen perässä
tavoitella tunnelmia
aistia tilanteita
tuottaa muistiin
julki

*Pakkanen saapui
kuurasi maan härmällään
valkoiseen huntuun*

Talven kynnyksellä

Harmaina korret
pakkaskukkia kukkivat
valkoisina hohtavat, kunnes
auringonsäteissä sulavat

Leikkii huuru oksilla
kävyn poskea silottaa
lapsen kädessä
rikkinäinen lapanen
yrittää sormea piilottaa

Lätäkön riitteessä
peilikuva pilvestä
samenneesta
kirkastuu aamun erotessa
ensimmäisestä pakkasyöstä

Punaposkinen leikeissään
mietteissään
punatulkku oksaltaan
etsii einettään

Syysauringossa
Kimaltavat pisarat
Vesitimantit

Tsup, tsup

Pakkasyön jälkeen
puiden lehdet putoilevat
vilahtavat heinikkoon
kesää piiloon

Tsup, tsup
ne sanovat
ja talveksi piiloonsa
unohtuvat

Möyrivät kastemadot
lehtikasan alle

Tsup, tsup
lehdet kuiskivat

Tulkaa peremmälle

Tehdään hyvää
maalle muhevalle

*Ihmettelee maa
tanssia taivaankannen
revontulia*

Revontaika aika

Kuun sirppi
leikkaa avaruuden viljaa
tuhansiksi tuikkiviksi
tähdenlennoiksi taivaalle

revontulten yönä
laukkaavat huikeat valoratsut
kaikkeudessa
sitoen katseet
hypnoottiseen riemuunsa
toteamaan
sysimustassa sinisyydessä
alati muuttuvaa loimoa

Seisot yksin ja katsot

Ihmeiden äärellä olet hiljaa
ihastuksesta mykkänä
ja tanssi käy sisääsi
jähmettäen askeleet
jotka olit oppinut
ennen revontanssia

Nyt haluaisit liidellä pois

*Haavoitetulle
tuskan läpi lyömälle
anna lohdutus*

Rakkauden uhrilammas

Kaipaus on kuin
laastaroimaton veitsenviilto
jonka jätit jälkeesi
tunteiden arpikudos
kaikkeen ja kaikkialla

kaipaan sitä kaikkea
julmuutta rakkaudessasi
valvottuina öinä
uneksittuina päivinä
hetkinä aamuin ja illoin

Lähtösi jälkeen vaellan
kuin uhrilammas unelmien niityllä
odottaen paluutasi
että vapautat minut
ja keritset mieleni
himojeni villoista

Säännöt tunnetaan
kun halutaan oppia
kulku turvata

Ei keskellä

Kernaasti uskon
kuvitelmieni oikeellisuuteen
rehvastelen oikeassa olemisen taidosta
siitä jota on opetettu
pitämään oikeana
huomaamatta
maailman muuttuneen
ajan ajaneen ohi

Yhä kävelen vasenta reunaa
eikä olisi pakko
kun luotiin saapastelijoille
etuoikeus kävellä
kuten huvittaa
reunassa kuin reunassa
vaan ei keskellä

Kaipaanko kesää
joka on ohitettu
lopullisesti

Unehutin

Kiljun kurkku suorana
menetetyn kesän
perään
ruton riivaamia pottuja
ja iniseviä itikoita

Enkä muista miksi

Joutsenten lähtö
muuttomatkalla kauas
talvea pakoon

Muuttajat

Ne lähtevät pois
siivin valkoisin
puhtain kauloin
yhdessä
kuin tullessaan

Lauloivat kevään tulolaulun
syksyyn lähtöfanfaarit

saapuivat hallayöt
räntää ropistavin pilvin
pikkupakkanen
leijuvin lumikeijuin

leijuin
lämpimään
luoksesi
höttöiseen yöuneesi
viereesi
aamuusi

*Polkusi poikki
vie muurahaisten reitti
ahkerat työssä*

Hetket ennen

Huikaiseva valo
siivilöi pois metsän varjot
raidoittaa maan pinnan
matalat kasvit
polun
kivet
käpyarmeijan
tikan kolopuun juurella
lämpimään syleilyynsä
odottamaan illan taikaa
sinisyyden
saapumista
yön orrelle
kipuavat
miljoonat tähdet
nekin
joihin katseeni
ei yllä

Arjessa harmit
eivät ole suuria
luonnollisia

Elämän ilot

Siinä se makaa
karvainen satakiloinen
kuola valuen
tyyny märkänä

JA KUORSAA"

Herään
lempeään kosketukseesi
ja tiedän huomensanasi

"KUORSASIT"

Jatkan uniani
seuraavaan tönäisyyn

"Siinä se makaa
 karvainen satakiloinen

JA KUORSAA!"

*Unohtumaton
elämys yössä koitti
sydämen voitti*

Aika kukkii

Niin rientää aika
kurkistaa kulmiensa alta
hieman vanhempana
hieman huolestuneempana
hieman ja hieman enemmän
ikävöiden
varhaisia vuosia
jolloin onni kukki
ja yönkuningatar tuoksui
silmitöntä kauneuttaan
yksin pimeässä
lohtuna nälkäisille silmille lumoutua
loistosta
johon ihminen ei yllä

Rakkauden yössä
taikalamput hohtavat
taikamaailmaa

Pian herään

Hellyttävä pimeys
aamuuni avautuva
salaperäinen ystävä
tässä pikkukammarini loukossa
pellavalakanoiden alta
kurkistan perääsi
unisin silmin

Himmeänä hahmotan
päivän enteilevän kajon
kuusimetsän tummien
hahmojen takaa

En vielä jaksaisi
viivythän vielä hetken
aamuvarhainen

*altojen äänet
syntyvät vuoroveden
vaihtelustakin*

Taajuuksilla

Soi sateessa
piskuisten polkka
tasaisesti tussahdellen
tanssahdellen
toistaan etsien
takaa ajaen
rytmiksi taipuen
vinhasti vierien
massana toisiaan etsien
tiedoksi purosiin
valtavirtoihin
tuntemattomiin
äärettömyyksiin
tietoa välittäen
aaltopituuksillaan
murtuvat
tarinoivat
kertovat
sävelillään
korviimme
soivat
aallot

Kokemuksistaan
oppivat ymmärtämään
lapset maailmaa

Inhimillistä

Vaellamme
perinteiden virroissa
merkittyinä kuuluviksi ryhmiin
kantaaksemme osavastuun
olemassaolostamme

Pyhä tarkoitus
Elämä
Elämän säilyttäminen
Elollisen vaaliminen

Syntyykö se kauppakeskuksissa
kassajonossa jonottaessa alennuksia
kapakan kulmapöydässä öristessä
superkiitäjän ratissa kilometrejä mitaten

Ehkä niin
ovathan ne välttämättömät kokea
jotta ymmärtää turhat
jollei tartu verkkoihin
pystymättä irrottautumaan

Löytämisen onnentunteisiin
hiljaisuudessa

Taivallus toteen
vienee vuosia ymmärtää
matkan pituutta

Unelmien todet

Ne pienet tarinat
kipuavat elämäsi tikkailla
kutitellen aivonystyröitäsi
teroittaen mieltäsi
kohtaamaan uusia asioita

Kurkistathan elämääsi,
pitkospuita
ennen vettymistä
kuinka tosi etsii paikkaansa
ja satu loihtii
villejä vaihtoehtoja

Vie ne lepohuoneeseesi
nauti unelmien lumosta
kuin kävelystä
aamu-usvaisen pellon pientareella

Rumpupalikat

Likat tanssi jiveä
vahatulla parketilla
tärkätyissä hameissa
oli pimukausi alkamassa
ja tukkakin piti tupeerata
korkeaksi keoksi
ja hiuslakata
salaa mustaksi sutata

Jätkät heitti lettiin
brylgreemit
päälle
nahkarotsin,
ja jalkaan jamekset
oli ajat uudet
jenkkiautofiilikset
Paul Anka
vei friidujen sydämet

Vanhat äijät poltti
työmiestä tai pilliklubia
ajan hupia
pilsneriä litkiä puffetissa
pimeetä pulloo tyhjäksi nurkan takana
kun akat viivähti naisten huoneissa
tangon tuoksinassa
hiki lensi
jo ennen kuin jenkkaan ensi

Rumpali hakkaa vimmoissaan
patasarjaa
muistojen tarinaan

Väänsivät tortut

Kun sitä mennä viilettää
villapaita vinossa
kohti päämäärää
jota ei näy, eikä kuulu
saattaa turhautua
vuosien aherruksen jälkeen

Mitättömäksi joutuminen
pelottaa ketä vaan
jopa sen aikaan saavaa

Pomolla on puvuntakki
mulla villatakki
ja lippalakki
jossa lipan voi kääntää
kun oikein kuraa sataa niskaan
ja pomon kaljua taputellaan
bonusten verran
kerran vuodessa

Kivahan se olis
palkinto saada
duunarinkin

Tarjosivat joulutortun
ja kupin haaleaa kahvia
Oli oikeen lappu tekstattu
             yksi kappale per heppu
kahvia oli sentään ja kysyivät
             onko santsattu

Tyven ja tyytyväinen mieli
siitä tulee
kun
ilmaiseksi saa

*Sotilas muistaa
retkiensä reiteiltä
karut kohtalot*

Soturit

irunpolkkaa
sanovat Sinun tanssivan
hehkeitä lanteitasi keinuttaen
ikävuosiesi keskikesässä

Kertovat kuinka rauhan kyyhkyset
pakenevat sodan jumalattaren
tieltä, kun salamat leiskuen
manaat amorit suohon

Lemmenpesäsi lämmössä
kuhisee ikuinen kaipaus
sanaton ikävä uskallusta
voitontansseihin soturien haudoilla

Muistan kyllä
kuinka pistin
miekkani
tuppeen

*Kasvojen kuvat
ikuisesti mielessä
vuosien taakse*

Ihme kai tämäkin

Punaiset silmät
reunoistaan vettyneet
itkun jälkeen
naurun jälkeen
kuurojen korvien välissä
nenän molemmin puolin
otsaluun varjossa
kulmien alla
huutavan suun
yläpuolella
kuopissaan
poskikumpujen takana

Niin pieni
on maailma
kaikki
naamataulussa

Luonnon mysteeri
levollisuuden luoja
mielen seestyttää

Korvenkulkija

Kuhisee
muurahaiskeko elämää
kiirettä, työntekoa

ympärillä erämaa
kuuset
kallioiden kainalossa

suppuiset kukat
aurinkoa odottavat
sinnittelevät varjossa

suon reunassa
suopursun tuoksussa
vihreä hohtaa juolukan varsissa

käkkärämänty piirtyy
vasten taivasta
korppi kaartaa kuusen latvusta

odotan jo huomista.

Ei huolta

Pirskotit pyhää vettä
arkiselle otsalleni
valuttaen uskooni
taivaallista riemua
maallisin sanoin
vuolaasti toivoa maalaten

Näkisinkö enää elämää
tuntisinko tuskaa
heittäisinkö kaiken menemään

Valoit jalustan seistä
omilla jaloilla
ripustaa tuskanrepun
unohduksennaulaan
ja katsoa ulos
syksyn ruskaan
haavoitettujen lehtien lentoa

Saanko katsoa
Sallitko kokea vielä kerran
Kevään

Odotan lumen tuloa
sulavien hiutaleiden tanssia
kuurautuneessa mutalikossa
jonka yli hypätä
saapuvaan

Mittarivanki

Arvosteluasteikko
elämisen mittari
arvioinnin pasuuna tehdylle
mitätöintiväline menneelle
huuto olemattomalle tulevalle

Raskas taakka
elämistä yrittävälle

Raivon harha

S umeinen katse
vettyneiden luomien välistä
voi nähdä vain osan kauneutta
ja kokonaisen arvoituksen
kun
raivo ratsastaa
tuskaa kylvävin siivin
ja panee
vastaan inttävät
parkumaan tyhjien
menetysten perään

LATTEN TUUTTA

Iti kävi kaupatta
otti polkkanalaatikkoo ja
makkalaa lilliin

taan illalla limuu
kalkkii
tikkalii ja jätkii

mutti titkaa attiat
ennen taunaa
titte nukutaan

entin juottaan nulmikolla
leikitään piilotta
lotvoo ja poliitii

meillä on lampoliini
tiinä taa hyppii
kolkeelle

meijän mökki on Tuulitta
tiellä on hiltiä teinättä
ja hyttytiä uukona

Välillä pitämätön

Kuljen elämäni polkuja
ristiin rastiin
etsien jotakin
itsestään selvää
jo olevaa
haistamatta
maistamatta
tuntematta

Kun menee lujaa
hiljaisella tiellä
yllättyy
vauhti on välillä
pitämätön
ja olo korskean
välinpitämätön
siihen
mutkaan saakka
jossa on
pakko

jarruttaa

Ystävyyden varjot

Muistatko sen parhaan kaverin
hänet,
jolle olit se
    ajatustesi luottovanki
jolle saatoit
    nakata sanojesi kahleet
jolle surra
    pettymystesi vuoren
jolle itkeä
    rakkautesi pettymykset
ja jolle vain harvoin
    annoit mahdollisuuden
keventää omaa kuormaansa
vaikka sekin olisi ollut tarpeen
ennen kuin hän katosi
haihtui pois
    ystävyydestäsi
jättämättä edes
    hautakiveä
jolla voisit poiketa
kuiskaamaan ikäväsi

Neitseellisen musta

Tuossa se äsken oli
venkoili silmien edessä
vanha kettu
kutemareissullaan
kyhnäsi kylkeään
lämpimänä
vasten massaa

Oi miten nauttikaan
takkatulesta
ja ranstakalla kaivelusta
kekäleiden välissä
katsella
kuinka sammuva tuli
muuttaa neitseellisen puun
paheellisen mustaksi
houkuttavaksi hiileksi

Tahdon
piirtää kuvasi
olohuoneen
valkeaan
tapettiin

Karu totuus

Vanhojen polkujen
pientareilla kukkivat
muistojen kukat

Monet tarinat
kultautuneet mielessä
satukuviksi

Unelmistakin
jouduttu luovuttamaan
arjen edessä

Lapsuuden muistot
eletty katoamaan
eletyksi

Päättymätön matka

Pilvenlongan olkapäältä
liidän
ajatusten vuorelta
tuulen puuskissa
leijuen
alas
seesteisen
kukkapellon ylle
        kuiskimaan
        orvokilleni
        uutta kesän tuloa
        odotuksen huikaisevaa kauneutta
        kevään haurautta

liidän keijujen kesän
ja syksyn
vaahteranlehtien kahistessa
talven kuurankukat kupeillani
vuorelle
        yhä uudelleen takaisin

Lintujen aika

Syysruskan aikaan
varikset kokoontuvat
pihapiirissä

        Ennakoinevat
        talven tuloa nekin
        Talviruokintaa

Pensaissa linnut
pienemmätkin kisaavat
talipalloista

        Auringonkukan
        siemenet ne kelpaavat
        talviruuaksi

Närhi lennähti
puun oksalle nälissään
Tilhet seuranaan

        Harakkaa meno
        häiritsee räkättelee
        harmistuneena

Naakat parvina
kirkkoa kaartelevat
Tornilintuina

Yöstä aamuun

Yön mustaan
syttyivät miljoonat tähdet
oppaiksi matkaajille
kajoksi
temppelini harjalle
jota kuu valaisee

astinpolullani
menninkäiset tanssivat
raahustavat varjosta
toiseen
maagisten revontulien
levottomasti loimutessa

temppelini harjalla seison
katsellen kohti pohjoista
josta talvi nousee
hyiseen rekeensä
ja kirmaa jäätiuút kilkkaen
läpi yötaivaan
alkavaan aamuun

Ylevyyttä

Ystävän hyvyys
on rakkaudessaan viisas
Kaikkivoipainen

Rakkaus kimmeltää

Niin niittää ilopolulla
kiljahdusten riemua
rakkaudestaan humaltunut
kaataa hihkua pullostaan
ja nostattaa hurmokseen
läsnä olevat
kuin hiiva pullataikinan

Hän hoipertelee
katajaisen kansan polkuaan
hapanimelän limpun maku
huulillaan
mämmisuuna hymyillen
auvoiseksi sukunsa
laiskimmatkin jakoavainten
pyörittäjät

Kohtaaminen

Lumottu maailma käsissäsi
unelmat ulottuvillasi
ottaa, elää ja kokea
rientää kohti
kohdata
olla rinnalla
turvata

Ne tarinat eivät tule vastaan
marketin kirjahyllystä
päivän lehdestä
televisiosta
netistä

Istu siis ja
kuuntele vanhusta
kohtaa juuresi
historiasi

Istu siis ja
kuuntele

Juomisen riemu

Elämä mäskialtaan reunalla
saattaa houkuttaa
joulukinkun suolaajaa,
maistamaan sakeampaa emmettä
kelluvan potun sammion äärestä,
unohtamaan hetkeksi
lahtaamansa sian
omenasuisen pään
ja juomaan sahdilla
turpansa turpeaksi
kasvattamaan sängen
leukapieliin
liiskaantuneitten haiventensa
vastapainoksi

Örinävesi kurluttaen valuu
örveltäjän viemäriin
kuplii ja röyhtäilee mennessään
ylivuotoputken puuttuessa
ja lopulta liruttautuu lammikoksi
laattialle
lahtaajan länkisäärten väliin

Kypsät

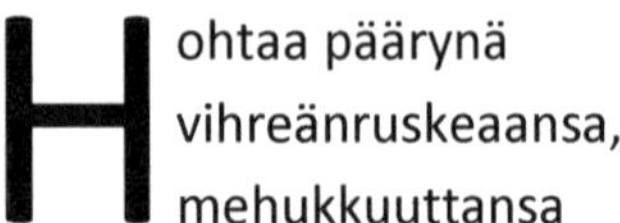

ohtaa päärynä
vihreänruskeaansa,
mehukkuuttansa

impi eilisen
runsauttansa verhoaa,
piilotellakseen

maukkaimmat palat
ensipuraisulla, on
makuaistimus

jos raaoista saa
hekumaa, kypsät voinee
heti unohtaa

Kysyn vaan

Käyköön "köyhälle"
duunariparalle se
että halpaa on

Tuskinpa oikein
on, et toinen maksaja
toinen palkaton

Onhan kusetus
ja halpuutus juonikas
temppu kaupalta

Oletko halla
maajussin kukkarolla
ahneudessasi

Ei yhteen sovi
halpuutusten tulema
pakettipellot

Kaikki se onni

Keinutko rakkauden kiikussa
kevyesti liitäen
kuin poutapilvi
sinisiin hetkiin
        maailman ääriin
perhosena
onnen taivaalla

Jos sen aika on

Anna ukkosen jylistä
salamoiden leiskua
ja rakkauden loimuta
säpäleidenkin keskeltä
yhdessä kokien
vaikka sotien
rauhaan saakka

Kun sen aika on

Syyssuo tarinoi

Häilyy taas halla
aavalla aapasuolla
hetteikköisellä

Puraisten kylmä
kohmettaa jäätävästi
pinnan kasvua

Karpalon puna
vilkuttaa mättäiköstä
poimijan perään

Löntystelevä
pappa polvistuu, marjat
kerää koriinsa

Kurjet jo lentää
kauas pakoon pakkasta,
etelänmaille

Hirttyy lumisuus
puihin kituviin, peittää
mättäätkin alleen

Putkikierre

(kuvitteellinen sanatanssi kohtaloilla)

Rassasin
passasin
kusetin
kiedoin kaulaani rusetin
akan otin
tehtiin pennutkin
uraputkeen solahdin
alkoi
työputki
kokousputki
ryyppyputki
eroputki

velkavankeus
loppui kankeus
laupeus
koitti ahneus
saapui apeus
leivän kapeus
työnpaikan lopetus
leipäjonoon pelastus

kierre otti kovaa tuulta
kaverit heitti huulta
lääkäriltä sain kuulla
ettei terveeksi voi itseään luulla
jos usein on käynti pissapuulla
diagnoosin saan putkipostilta

kierre pyöräytti
duunista saatuun monoon
terveyskeskusjonoon
huonoon oloon
ja kivut yltää joka koloon
huonoko oon

odotan jonossa
paikkaa enkelikuorossa

Sujut

Tahdotko
toteuttaa unelmasi
tartu siis hetkeen
hanakasti ja tarmolla

Ole itsesi herra
vie työ päätökseen
innolla

Nouki kiitokset ja risut
opi kaikesta
ole elämälle sujut

Viimeinen

Kuuletko
hiljaisuuden
kuiskeen
kun tuuli lipuu
kohti kesää
kun talvi
kutoo verkkojaan
peittää maata
valkoisellaan
uhoaa

Hiljaisuuteen
vajoaa leijuen
haavanlehti
se viimeinen

Menetetyt

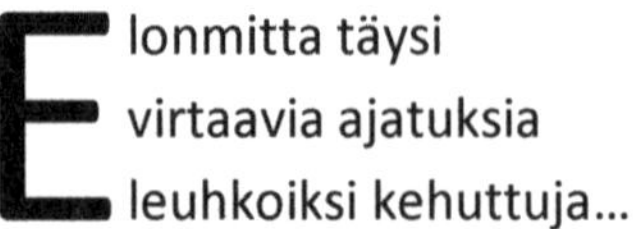

Elonmitta täysi
virtaavia ajatuksia
leuhkoiksi kehuttuja...

uhokuormastani pois
kaadettuja
syrjään pantuja
sanoja
tekemättömiä
tekoja

ohitettuna turhaan
menetetyt tilaisuudet
mahdollisuudet

Riittävästi?

Kirjoitin
palasen
elämää
tuntoja
tuoksuja
juoksuja

Maalasin
maisemaan
muistot

Vilkutan hyvästiksi
hetkeksi
toviksi
ikuiseksi

Oliko se siinä?

Syksy

Kukkia, kukkia, kukkia

vaahteranlehtiruusuja
kellanpunaisina hehkuvia
ovikranssissa

huultesi puna, hunajainen

maalasit huulesi ruskanpunaisiksi
kiiltäviksi huulteni tavoitella
huuliasi, parransänkeni keskeltä

silmiesi vihreä, upottava

niin syvälle katsoit
että taivaan näit
ja näytit

Pakkasaamu

Nipistys
poskipään oivallus
pakkasen saapumisesta

kuuraisesta kulusta
maisemassa

kiipeilystä oksilla
ja latvuksissa

harmajana harsona,
ripsuvana riitteenä
lämpäreessä

huuruna
rillipäiden linsseillä

vaan yhä
sylisi on lämmin

Sees olo

Leyhäys raakaa

ilmaa raikastaa

kuumenneet tunteet

hapertuviksi huokauksiksi

muistin laitaan

Unohdukseksi

Vapautus

Hellan ja nyrkin

välistä kasvaa

voimanvarsi

joka kipuaa

kohti tahdon taivaasta

viittomaan tietä

kohtalonsa

vangeille

löytää

oma reittinsä

ulos helvetistä

Maailman ääriltä

Yhteiskunnat rapautuvat
ongelmat kasautuvat
kansakunnat kipuilevat

Sen maan menetin
pois kadotin ystävät
kodin hylkäsin

Kumarrat valtaa
kantaen syvää tuskaa
nääntyy kansasi

Maattoman matka
pakolaisena vieras
vailla kotia

Väärän kuninkaan maa

Sinä kumarsit
kai väärää kuningasta
hyväuskoinen

Polvet verillä
konttasit häntä kohti
nöyrä kuulias

Hänet hylkäsi
moni ennen sinua
petollisena

Surmaa omiaan
pakoon kansaansa ampuu
mierontielle pois

Pakolaisvirta
etsii uutta kotia
ulkovalloista

Kaaos vie pois nyt
nuoret ja kyvykkäimmät
sodan jaloista

Etsivät tietä
lyhintä yli meren
pelottavinta

Veneet täyttyvät
naisista ja lapsista
ovat vankina

Kohtalon armo
ei suosi, onnettomat
mereen hukkuvat

Aamunsarastus
paljastaa suuren surun
lapsen kuoleman

Eräs tarina

Mutaisella kujalla
kusenhajuisessa nurkassaan
istuu nuhjuinen lapsi
nälkä suolissaan
katsellen apaattisena
kujalle eksynyttä kissaa

Eilinen sade
jätti jälkeensä lammikot
mutalikot,
joista taivas kurkistaa
aamu-usvan harmaana varjona
yrittäen todistaa
uuden päivän alkaneeksi

Kylmä puristaa
pienen istujan kehoa
vavisuttaa ravinnotonta
jähmettäen paikalleen
vailla unta
huulillaan kysymys

miksi, äiti, miksi?

*Usko parempaan
panee etsimään uutta
sydän karrella*

Uudet

Kauhistelivat
hankkimiasi farkkuja
kuinka on varaa pakolaisella
kummastelivat
ja puhelintasi jo nyysivät
pyysivät
pysymään loitolla
kun on varaa soitella

Jokainen hankinta
näillä nuorilla
on tehty nuorten halulla
markkinoilta etsien sopivinta
niinhän nuorten on tapana
samalla samaistua
ikäluokkaansa
nuoren tavalla

Vaikka kädessä ei olisikaan
Nokia, se iänikuinen kapula
on hänenkin lupa
elää ajassa
rauhassa pakolaisena
matkaansa kulkea

Pakolainen

Hän kotia etsii
kaukaa maailmalta
merien takaa kiirehtii
laivalta uppoavalta

Revontulten alla

tunturin juurella
kaivaten rakkaitaan
käy uupunut uinumaan

Askelissa vieras sointi
uuden isäntämaan

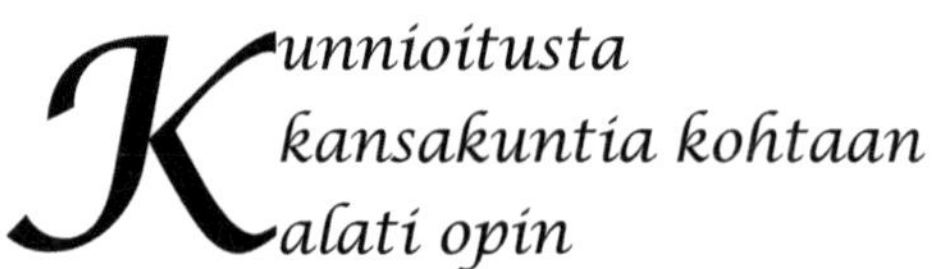

Kunnioitusta kansakuntia kohtaan Kalati opin

Muutto

Kuu kelluu
pilviharsomeressä
katsoo kummeksuen
kansaa
joka vaeltaa
kohti pohjoista

Porotokkien vaelluksen
kuu tunsi ennestään
valaiden ja kalaparvien merileikit
lintujen lennot
kun muuttomatkaavat
talven tieltä
etelään

Mutta
että ihminen
vaelluksen
laumana aloittaa
ei Mekkaan
vaan
sopuleina
kohti pohjolaa

*Käärii eliitti
hihojaan tuimin katsein
valtaa hamuaa*

Uutiset

Kokoontuu kansakunta
näkemään toiveunta

Jokaisen on hyvä olla
kukaan ei uhraudu ilman korvausta
auttamatta ohi kuljetaan
silmät ongelmilta suljetaan

Koko kansakunta saa lottovoiton
fanfaarit ja kunniamerkin

Untuvatyynyille on kiva nukahtaa
leikkiä rikasta ja rohkeaa
Sveitsiin talletukset piilottaa
sumuttaa verottajaa

Lakko on toimiva ase
kun huojuu kansantalouden tase

Joukkovoimaa huutaa ay-pomo
pannaan työt pakettiin joka kuono
on palkka niin pirun huono
laulaa hyvinvoiva kuoro

Käärii eliitti hihojaan
purkaa turhaumia, vuosia kertyneitä vihojaan

Bemareilla duuniin tultiin
tehokas työaika riittää kahvituntiin
lounaaseen ja juorukerhoon
harhautuksen verhoon

Prosentit paukkuu
ay-pomo haukkuu
Palkat laskee
jäsenmaksutulot kapenee
jos hoitsu ei yövuorolla ylityökorvauksia tee
jo jäsenkassan väki yt-neuvottelee

Lakkokin vei jäsentuloja
laihdutti jäsenten kukkaroa

Niin pyörii hyvinvointiyhteiskunta!
Älkää nähköön unta.
Pian sataa lunta.
On tupa täynnä pakolaisia.

Ja elämä jatkuu
Tulijoita tänne korpiin mahtuu

Viittaan kätketyt
vallan ja suunnan käskyt
ohjeet ovelat

Suunta

Auktoriteetit
vanhan ajan pasuunat
edessäsi seisovat

rippituoleissaan istuvat
hartioillaan kasukat

viittojensa helmoissa
syntiset rukoilevat
pelastusta anovat

"Valitset tiesi viitta,
mene Herran rauhaan"

auktoriteetit sanovat

Menneen äärellä

Sukupolvet vaihtuvat
luopumisen tuskaa
aika mittaa uupumustaan

*K*aipauksen ääni
kysymyksiä täynnä
voi vain ymmärtää

Muistojen polulla

Askeleet päättyneet
muistoissa kulkevat
tuttuja teitä
palaavat entiseen
katsovat tulevaan
ajatuksin,
pois nukkuvaan

Kumpujen luona
huokuu syvä rauha
ikävä, kaipaus
olla
sun luona

Kukkani kummulle asetan
menneeseen palaan
rakkaudella muistan
muistojani halaan

Soittavat kellot
muistamaan elonaikaa
rakkaan matkaamaa

Kuusten varjossa

kikuusten alla
lepää hän äitinsä sylissä
ikuisessa unessa

Kesäpäivän lempeä lämpö
saattelee rauhan lehtoon
siintävän veden äärelle
pyhätön juurelle

Hiljaa soi kaipauksen hymni
rakkauden ikuinen veisu
vienosti suruvirsi

Iloa
lintujen laulu

*Matkasi kuljit
karismasi lumosi
muistoiksi muutti*

Surullista - lohdullista

Meni suvemme
kuihtuneet unelmat vain
porstuassasi

Ovat mukana
muistomme helmet, jäämät
rakkaudestamme

Marraskuun neljäs
nukuit yöhön ikuiseen
saapui pakkanen

Istun kummulla
pieni kynttilä toistaa
muistot sinusta

Venesatama
poijulla venho yksin
suven mentyä

Luontomiehen lähtö

Taipuivat kaarelle
elämän länget
kovertui muotoon
pahkaiset hongat

Kelo kankaalla
matkamme muistona

Teit sieluihimme
muistopuiston
rakkauden kehrän
sydämiimme

polut entiseen
viitaksi uuteen

latuina tunturiin

(Reijo Raution muistolle, omaisille 25.9.2015)

Keski-Pohjanmaa
esi-isien koti
leposijoineen

Savossa äidin
äidin isäkin saivat
levon ikuisen

Sukuhaudoilla

Sankarit kumpujen alla
sodan jaloissa
elämän hylkäämät
kukat kummuilla
isänmaalle
uhrauksistaan kertovat
*
Yksinäinen paasi
unohdettuna
ilman kukkia
nurmi verhona
allaan eletty
lesken elämä
*
Kalmistossa sukujen haudat
takorautaiset portit
rauhaa suojaavat
leposijoillaan
sukupolvien ketjut
henkinen historia

setäni Viljo, isoisän puoliso Hanna, isovanhemmat ja isä

Komia kivi
sukuhauvvalla seisoo
muisto sinusta

Kivi

Pohojalla se loju
ristallikivi ja kimalteli
kuhtu tykönsä
kuun valohon

Pintahan pitäsi saaja
kivi kirkas
syynätä joka kantilta
jotta kelepaa talohon

Kätehen ottaa
hurma kokia
Kahtua komiaa
kimallusta
pintahan nimi
kovertaa
hauvvalle rakkahan
kulettaa

Pienuuden oivallus

Kuinka
sen sanoisin
kuinka voisin
kuinka osaisin
uskaltaisin

Niin monta kiveä
on käännettävä
kammettava
vivuttava
tuhottava

Jylisee ukkonen
voimissaan
tuhon tulet tuskissaan
kuolo korjaa uhrejaan
poistaa voimistaan

Vaan
seisoo ikitammi
mäellään
jatkaen elämää
kantaen hedelmää
rakkailleen tärkeää

terho kasvuun yrittää

Paasi puun juurella
kertoo pienen tarinaa
syntyi kevääseen
kuoli pakkaseen
lepää yksikseen
kasvoi

verso kummulleen

(Eeva Maria 14.3.1952-15.3.1952)

*Lohtua mennyt
aika ei suo minulle
se muistoja tuo*

Lopullinen

Ujo poika
kasvoi miehen mittaan
leveät hartiat
karvainen rinta
kainalokarvat hiestä märkinä
jännitti astua
sen ensimmäisen askeleen
aikuisuuteen

Ujon tarina
oli sammua
ja nukkua
pois
ettei tarina
jatkua vois

Katsoo äiti
ujoa poikaansa
kuolemassaan komeaa

miestä

*Elämän kivet
joskus kompastuttavat
ylös noustava*

Prinsessan uni

(Tunnelmia elokuvan katsomisen jälkeen)

Kukkameressä
hän kulki lähtiessään
Prinsessa Diana

Murheiden jälkeen
Levossa ja turvassa
hoviväeltä

Maailma suri
kyynel purki tuskia
sydän kaipausta

Kauniiden satu
yksinäisyyttä henkii
olo lohduton

Emme tuntisi
kateutta jos ihailu
ei sokaisisi

*Hauras hiljaisuus
kätkee suurimman onnen
taian sydämen*

Väistämätön

Lepattaa yksin tuulessa
viimeinen keltainen lehti
sitkeästi paikkaansa puolustaa
ei haluaisi päästää irti

Aika kuitenkin koittaa
täytyy ote irrottaa
leijua kevyesti ilmassa
uusi olomuoto aloittaa

Keltaisella lehtimatolla
kaltaistensa seurassa
uho unohtuu
sielu riisuuntuu

Maa kutsuu omiaan
ketjuun elon kuninkaan
ravinnoksi maan muuttumaan
Ei siltä välty
suurinkaan

Vuolainkin virta
kuumuudessa hupenee
karit paljastuu

Lähtö

Pohjoinen kutsui
kulkemaan, taivaltamaan
saloille,
vaaroille,
kuruihin,
jokien varsiin

Virta matkaa soljuen
kohti itää
mies rannalla
katsellen tummaa vettä
pohjalla kuultavia
pieniä kiviä
kalanpoikasten leikkiä
rantavedessä

Korven hiljaisuus
taittaa kallioista
joen virtaavan kuiskeen

Alaston solahtaa
veden raikkaaseen syleilyyn
Hiillos hiipuu rannalla

Vain elettyjen
vuosien pirtaan soivat
rakkauden kellot

Eletty

Kuin kesän kukka
loistit keväästäsi
kukkeaan kesään
nuoruutesi innolla
rakentaen pesää

Meni kesiä
syksyjä
talvia
keväitä

Lensivät lapset pesästä
jäit odottamaan kevättä
joka toisi uuden kesän
ja kaipaamasi kesäkukat

Tuli kesähalla
kukat eivät kukkineet
harmaaksi nääntyi päivä
eletyksi elämä

Viisaripari kellotaulussa seuraa ajankulua

Marraskuu

Kietoo
yö
sinut

mustaan pehmeään
  unettavaan hämärään
    sysimustaan pimeään
      villavaippaan lämpimään
       untuvilla lentämään
        sydämen etelään

    Herää
    m a r r a s
    aamuun
    h i t a a s t i
    viivytellen

Sisällysluettelo:

Ääristä ääriin 9 – 131

Mikään ei ole 11
Vain vähän 12
Eteenpäin 14
Verkko 16
Ymmärrys 18
Kunnia 20
Sinne jonnekin 21
Jäljet 24
Sumua 26
Yön jälkeen 28
Hehku 30
Hiipii se 32
Pöljää 34
Kosintoja 36
Poskisuudelma 38
Kesäheila 40
Torvet 42
Sen meren 44
Muuttuva 46
Toistuva 48
Ikiliikkuja 50
Kokemus 52
Helppo elämä 54
Voihan itku 55
Satoa 59

Myrsky 61

Sanakisa 63

Talven kynnyksellä 65

Tsup, tsup 67

Revontaika, aika 69

Rakkauden uhrilammas 71

Ei keskellä 73

Unehutin 75

Muuttajat 77

Hetket ennen 79

Elämän ilot 81

Aika kukkii 83

Pian herään 85

Taajuuksilla 87

Inhimillistä 89

Unelmien todet 91

Rumpupalikat 92

Väänsivät tortut 94

Soturit 97

Ihme kai tämäkin 99

Korvenkulkija 101

Ei huolta 102

Mittarivanki 103

Raivonharna 105

LATTEN TUUTTA 106

Välillä pitämätön 107

Ystävyyden varjot 108

Neitseellisen musta 109

Karu totuus 110

Päättymätön matka 111
Lintujen aika 112
Yöstä aamuun 113
Ylevyyttä 114
Rakkaus kimmeltää 115
Kohtaaminen 116
Juomisen riemu 117
Kypsät 118
Kysyn vaan 119
Kaikki se onni 120
Syyssuo tarinoi 121
Putkikierre 122
Sujut 124
Viimeinen 125
Menetetyt 126
Riittävästi? 127
Syksy 128
Pakkasaamu 129
Sees olo 130
Vapautus 131

Maailman äärillä 132 – 146
Väärän kuninkaan maa 134
Eräs tarina 136
Uudet 138
Pakolainen 139
Muutto 141
Uutiset 143
Suunta 146

Menneen äärellä   147 – 173
Muistojen polulla   149
Kuusten varjossa   151
Surullista – lohdullista   153
Luontomiehen lähtö   155
Sukuhaudoilla   157
Kivi   159
Pienuuden oivallus   160
Lopullinen   163
Prinsessan uni   165
Väistämätön   167
Lähtö   169
Eletty   171
Marraskuu   173